CONSEGUIR LA LIBERTAD FINANCIERA A LOS 40 AÑOS.

Conseguir la libertad financiera a los 40 años

Serie "Libertad financiera a cualquier edad"
Por: D.K. Hawkins
Versión 1.1 ~Noviembre 2021
Publicado por D.K. Hawkins en KDP
Copyright ©2021 por D.K. Hawkins. Todos los derechos reservados.

Ninguna parte de esta publicación puede ser reproducida, distribuida o transmitida en cualquier forma o por cualquier medio, incluyendo fotocopias, grabaciones u otros métodos electrónicos o mecánicos, o por cualquier sistema de almacenamiento o recuperación de información, sin el permiso previo por escrito de los editores, excepto en el caso de citas muy breves incorporadas en reseñas críticas y algunos otros usos no comerciales permitidos por la ley de derechos de autor.

Quedan reservados todos los derechos, incluido el de reproducción total o parcial en cualquier formato.

Toda la información contenida en este libro se ha investigado cuidadosamente y se ha comprobado su exactitud. Sin embargo, el autor y el editor no garantizan, expresa o implícitamente, que la información contenida en este libro sea apropiada para cada individuo, situación o propósito y no asumen ninguna responsabilidad por errores u omisiones.

El lector asume el riesgo y la plena responsabilidad de todas sus acciones. El autor no será responsable de ninguna pérdida o daño, ya sea consecuente, incidental, especial o de otro tipo, que pueda resultar de la información presentada en este libro.

Todas las imágenes son de uso gratuito o han sido adquiridas en sitios de fotografías de stock o libres de derechos para uso comercial. Para la elaboración de este libro me he basado en mis propias observaciones y en muchas fuentes diferentes, y he hecho todo lo posible por comprobar los hechos y dar el crédito que corresponde. Si se utiliza algún material sin la debida autorización, le ruego que se ponga en contacto conmigo para corregir el error.

La información proporcionada en este libro tiene únicamente fines informativos y no pretende ser una fuente de asesoramiento o análisis crediticio con respecto al material presentado. La información y/o los documentos contenidos en este libro no constituyen un asesoramiento legal o financiero y nunca deben utilizarse sin consultar primero con un profesional financiero para determinar qué puede ser lo mejor para sus necesidades individuales.

El editor y el autor no ofrecen ninguna garantía ni promesa sobre los resultados que puedan obtenerse al utilizar el contenido de este libro. Nunca debe tomar ninguna decisión de inversión sin consultar primero con su propio asesor financiero y realizar su propia investigación y diligencia debida. En la medida en que lo permita la ley, el editor y el autor declinan toda responsabilidad en caso de que la información, los comentarios, los análisis, las opiniones, los consejos y/o las recomendaciones contenidos en este libro resulten ser inexactos, incompletos o poco fiables, o den lugar a pérdidas de inversión o de otro tipo.

El contenido de este libro no pretende constituir ni constituye un asesoramiento jurídico o de inversión y no se establece ninguna relación abogado-cliente. El editor y el autor proporcionan este libro y su contenido "tal cual". El uso que usted haga de la información contenida en este libro es por su cuenta y riesgo.

ÍNDICE DE CONTENIDOS.

ÍNDICE DE CONTENIDOS. 4

INTRODUCCIÓN. 6

CAPÍTULO 1 9

    Identificar sus objetivos de libertad financiera. 9

CAPÍTULO 2 18

    Fórmula de riqueza óptima para vivir el estilo de vida de sus sueños. 18

CAPÍTULO 3 23

    Cómo hacer crecer su dinero mediante la inversión. 23

CAPÍTULO 4 28

    Explore el sector de las ejecuciones hipotecarias. 28

CAPÍTULO 5 33

    Aprovechar el efectivo de sus acreedores. 33

CAPÍTULO 6 37

    Establecer un negocio en casa para jubilarse pronto. 37

CAPÍTULO 7 44

    Optar por la libertad antes que por la deuda. 44

CAPÍTULO 8 50

    Plan de diez puntos para recuperar el control financiero y proteger el futuro de su familia. 50

CAPÍTULO 9 59
   Haga de su futuro un lugar de diversión y fortuna. 59
CAPÍTULO 10 63
   Ha llegado el momento de gobernar! 63
CONCLUSIÓN. 67

INTRODUCCIÓN.

La creación de riqueza no es algo que muchos jóvenes de cuarenta años se planteen cuando empiezan a recibir su sueldo. Sin embargo, empezar a acumular riqueza a una edad temprana es uno de los mejores pasos que se pueden dar para asegurar un futuro financiero próspero.

La razón principal es el interés compuesto. Cuanto más tiempo gane su dinero en intereses, más dinero ganará. A medida que su saldo aumenta, los intereses que gana se incrementan proporcionalmente. Aunque pueda parecer que no está ganando mucho dinero adicional, la diferencia puede ser significativa si se considera la cantidad total de intereses ganados a lo largo de treinta o cuarenta años.

Empezar pronto también supone una ventaja, ya que cuanto antes se empiece, más riesgo se puede asumir. Las personas que empiezan a ahorrar 10 años antes de la jubilación, por ejemplo, deben invertir en activos que les proporcionen fondos suficientes para vivir en un periodo corto.

Se pueden asumir riesgos más importantes cuando se es joven, ya que se tiene más tiempo para capear las caídas del mercado o recuperarse de las malas decisiones de inversión. Sin embargo, a menudo son las inversiones más arriesgadas las que producen mayores ganancias.

Si desarrolla un plan para la acumulación de riqueza cuando es joven, puede evitar cometer algunos de los errores más comunes. Para empezar, debería crear un fondo de emergencia. Siempre que sea posible, evite contraer deudas.

Elabore un presupuesto y adhiérase a él. Ahorra regularmente una parte de cada sueldo e invierte. Si adopta estas sencillas medidas, que la mayoría de la gente no tiene en cuenta hasta que llega a la mediana edad, se adelantará a los acontecimientos.

Los jóvenes que pretenden iniciar su plan de acumulación de riqueza deben adquirir todos los conocimientos posibles. Cuantos más conocimientos adquieran, mejor será su situación. Invertir y desarrollar un plan financiero puede ser desconcertante, y usted quiere asegurarse de que está tomando las mejores decisiones posibles.

Cuando desarrolle su estrategia de desarrollo patrimonial, puede ser beneficioso asistir a un seminario de creación de riqueza. Los seminarios de creación de riqueza son ofrecidos por especialistas del sector que pueden guiarle en la dirección adecuada.

Si usted es una persona joven de cuarenta años que ha comenzado a planificar su futuro financiero, ya ha dado el primer paso hacia el éxito financiero. La creación de riqueza depende totalmente de la información y la estrategia. Con sólo un poco de previsión, puede estar bien encaminado hacia la libertad financiera.

CAPÍTULO 1

Identificar sus objetivos de libertad financiera.

Cuando se pregunta a los individuos qué es lo que más desean en la vida, casi siempre dirán que quieren ser ricos, adinerados o económicamente independientes. Algunos le dirán que desean vivir en una gran casa o mansión con una gran piscina en el patio trasero, grifos bañados en oro, un mayordomo y/o una criada, etc., pero se trata principalmente de meras fantasías sobre lo que es la riqueza.

De hecho, muchos individuos acomodados y millonarios conducen automóviles fiables y lujosos, pero no necesariamente llamativos, viven en casas bien diseñadas pero no demasiado grandes, y no compran constantemente la ropa más costosa de los diseñadores de moda del momento.

De hecho, si se pregunta a estas personas por qué desean la riqueza, casi todas afirmarán que la desean para tener más libertad en la vida.

¿Cuál es su objetivo de libertad financiera?

¿Aspira a vivir el extravagante estilo de vida representado en Entertainment Tonight, Access Hollywood, E! o VH1?

¿Desea amasar una suma considerable de dinero para explorar el mundo?

¿Quiere tener suficiente dinero para mantener su nivel de vida actual si perdiera su trabajo de forma inesperada?

Todas estas aspiraciones son alcanzables, aunque algunas requerirán más acumulación de riqueza que otras.

La libertad financiera es la capacidad de acumular suficiente riqueza para permitirle dejar su trabajo y no tener que volver a trabajar para mantener su estilo de vida. Ahora bien, esto variará según las circunstancias individuales.

Supongamos que su estilo de vida implica poseer una gran casa con dos automóviles de lujo, tomar muchas vacaciones cada año y comprar una gran cantidad de ropa, joyas y aparatos caros. En ese caso, sus ingresos son muy elevados o se ha endeudado mucho.

Por otra parte, si tu estilo de vida es más modesto, vives en un piso o en una casa pequeña y mantienes tus gastos bajos, puedes sobrevivir con unos ingresos de cinco cifras. Sin embargo, ¿cómo puede determinar lo que necesita para alcanzar la libertad financiera?

Según R. Buckminster Fuller, la riqueza se calcula por la cantidad de dinero ahorrada dividida por el periodo necesario para mantener tu estilo de vida actual si te despiden repentinamente o pierdes tu trabajo.

Por ejemplo, si ahorra 10.000 dólares y puede sobrevivir con ellos durante cinco meses, se considerará rico durante cinco meses. Si ahorrara 40.000 dólares y pudiera vivir con 2.000 dólares al mes, sería rico durante 20 meses.

Por otro lado, ¿qué pasaría si pudieras utilizar esos fondos para crear un flujo de ingresos que te hiciera rico indefinidamente?

Esto puede lograrse mediante los ingresos pasivos. Los ingresos pasivos son el dinero que recibes sin tener que trabajar por él. En otras palabras, ganas dinero mientras duermes. Los ingresos pasivos suelen generarse a través de su propio negocio, bienes inmuebles o inversiones en acciones o bonos.

Establecer un nuevo negocio.

Muchas personas han acumulado dinero gracias a la creación de sus negocios. Normalmente, empezaron dedicándose a una pasión que les gustaba, como la repostería o la artesanía, y cobrando por sus productos o servicios. Usted puede hacer lo mismo. El método más sencillo para empezar es vender tus viejos artículos no deseados en eBay.

Muchas personas comenzaron sus empresas caseras vendiendo sus trastos viejos en eBay para descubrir la rentabilidad. Luego recogían cosas usadas en ventas de patio, tiendas de segunda mano del Ejército de Salvación y Goodwill y las revendían de forma rentable. Si eres una persona con conocimientos de Internet, puedes ganar dinero vendiendo productos de otras personas a través de redes de afiliados.

Los programas de afiliados te permiten vender cosas de los sitios web de otras personas a cambio de una comisión por cada venta realizada a través de tu sitio web o blog. Clickbank, Linkshare y Commission Junction son buenos lugares para empezar a explorar los programas de afiliación.

Ganar dinero en el sector inmobiliario.

El sector inmobiliario es una de las formas más frecuentes de acumular dinero para la persona típica.

Aunque los bienes inmuebles han sido una forma muy popular de ganar dinero en los últimos años, parece que estamos en la cúspide de una burbuja inmobiliaria a punto de estallar.

La mayor parte de esta burbuja inmobiliaria se debe al proceso de compraventa de casas, en el que un individuo compra una casa o un condominio con una gran hipoteca para revenderla más tarde con un beneficio debido a la apreciación del precio. Una gran parte de esto se promovió a través de infomerciales televisivos nocturnos.

Aunque estas tácticas son efectivas y pueden hacer ganar una cantidad significativa de dinero en un periodo corto, tienen ciertas desventajas. En primer lugar, no siempre es una fuente fiable de ingresos pasivos y, en segundo lugar, puede encontrarse sin compradores si el mercado alcanza su punto máximo antes de tiempo.

Por supuesto, el método consagrado para sacar provecho de los bienes inmuebles es la adquisición de viviendas de alquiler. Usted compra un edificio con dos o tres pisos o un pequeño complejo de apartamentos y alquila el espacio restante a los inquilinos.

Si se estructura adecuadamente la hipoteca y los alquileres, los pagos de los inquilinos cubrirán el coste de la hipoteca mensual, los impuestos y el seguro, lo que le dejará dinero adicional para gastar.

No es raro que en algunos lugares se obtengan importantes ingresos por el alquiler de un edificio de apartamentos a un precio razonable. Algunas personas se ganan la vida únicamente proporcionando viviendas a otras personas.

Invertir en acciones y bonos para generar ingresos pasivos.

Aunque esta es una opción más sencilla para obtener ingresos pasivos que los bienes inmuebles, requiere más capital y exige que entienda las acciones y los bonos lo suficientemente bien como para permanecer con su inversión.

Los dividendos proporcionan un ingreso pasivo en este escenario. En otras palabras, tanto si compra acciones, letras del tesoro o bonos, la corporación que emitió las acciones (o el Departamento del Tesoro de los Estados Unidos en el caso de los bonos) le pagará un dividendo en efectivo.

Se trata de unos pocos céntimos por acción o de un tipo de interés nominal, pero si compra un número suficiente de acciones o bonos, esto puede proporcionarle unos ingresos sustanciales.

En algunas situaciones, le proporcionará un tipo de interés elevado o un rendimiento, como se suele denominar, que suele ser muy superior al de los ahorros bancarios. Por ejemplo, usted invierte 400.000 dólares en acciones que producen un dividendo anual del 12%. Además, usted conserva la propiedad de las acciones subyacentes, que puede vender para obtener beneficios o mantener hasta el vencimiento en el caso de los bonos.

Estas acciones le pagarían 48.000 dólares en dividendos. Supongamos que mantiene estas acciones durante cinco años y que se revalorizan hasta los 650.000 dólares, momento en el que decide venderlas. No sólo habría recibido 48.000 dólares por cada uno de los cinco años anteriores, sino que también habría obtenido una plusvalía de 250.000 dólares. (antes de comisiones e impuestos).

Por supuesto, esto es un breve resumen de cómo alcanzar la libertad financiera. Si vive de forma frugal, es probable que consiga la libertad financiera más rápidamente invirtiendo en bienes inmuebles que produzcan ingresos o iniciando su propio negocio. Si desea un estilo de vida más lujoso, es posible que tenga que desarrollar una estrategia integral de creación de riqueza.

CAPÍTULO 2

Fórmula de riqueza óptima para vivir el estilo de vida de sus sueños.

Hay muchos métodos para generar estos ingresos residuales dinámicos, entre los que se incluyen la posesión de una propiedad en alquiler, el cobro de derechos de autor por un invento o un trabajo creativo, o el trabajo desde casa con un negocio que depende de los ingresos residuales para cubrir sus facturas.

Por ejemplo, el trabajo creativo genera ingresos residuales. Cada año, autores como JK Rowling y Tom Clancy y músicos como Paul McCartney y Bob Dylan ganan dinero por trabajos que realizaron hace años. Después de su muerte, los ingresos seguirán llegando a su patrimonio. Es fantástico, y tú también puedes ganar de la misma manera con la selección correcta de negocios en casa.

El dinero en un banco haría la misma función. Suponga que desea un ingreso mensual de 5.000 dólares para poder hacer lo que le plazca. Con un tipo de interés neto del 5%, querrías tener al menos 1,2 millones de dólares en el banco. Con los impuestos y otras deducciones, necesitarías ganar aproximadamente 2 millones de dólares. ¿Cuánto tiempo vas a trabajar para ganar esos 1,2 millones de dólares?

Miles de personas como usted están amasando riquezas tranquilamente mientras trabajan desde casa, incluso mientras duermen. ¿Va a unirse a ellos?

No se trata de un esquema de enriquecimiento rápido, sino de una oportunidad de ingresos garantizados y constantes que miles de personas como usted han demostrado que funciona. Se necesita esfuerzo y determinación, sobre todo al principio y a veces para que la fuerza total haga efecto.

Creo que la vida es demasiado corta para hacer una pausa y tomar decisiones para progresar en cualquier esfuerzo.

¿Cuál va a seleccionar?

Mantenga el típico programa de trabajo de 45 años o cree su propio flujo de ingresos residuales y véalo crecer. A diferencia de los ingresos lineales, sus ingresos netos no tienen techo. ¿Sabías que el 20% de los millonarios obtuvieron su riqueza con este método?

No es de extrañar que Anthony Robbins, Robert G Allen, Donald Trump y Robert Kiyosaki sean fervientes defensores de la construcción de esta fórmula de riqueza ideal con flujos de ingresos residuales.

Demasiados propietarios de pequeñas empresas declaran: "No he tomado vacaciones en cuatro años". Sus negocios los dirigen a ellos, y no al revés, como debería ser. Tanto si llevas un tiempo en el negocio como si acabas de empezar, cuanto antes empieces a pensar e implementar una estrategia para aumentar los ingresos pasivos, antes alcanzarás la libertad personal y financiera.

Con tu trabajo desde casa construyes libertad, no sólo un negocio, suponiendo que elijas el correcto. Puedes generar un flujo de ingresos consistente durante meses, años o quizás toda tu vida, trabajando sólo una vez, ya que te compensan repetidamente por un esfuerzo único.

¿No sería encantador que te pagaran cientos de veces por cada hora trabajada?

Tener esta fórmula de riqueza ideal operando a tu favor mientras construyes tu pasaporte a la riqueza.

¿Qué impacto puede tener en tu vida?

¿Qué tipo de estilo de vida llevarías?

Es el momento de comenzar el proceso de transformación. Podrías seguir haciendo lo que siempre has hecho y acabar con el mismo resultado, pero ¿es eso lo que quieres? Pregúntese.

¿Qué estoy haciendo ahora?

¿Dónde me gustaría estar?

¿Cuál es el camino más eficiente que puedo tomar?

¿Qué preferirías hacer TÚ si pudieras elegir?

¿Recibir el pago una vez por el trabajo realizado o recibir el pago a menudo -tal vez durante años o incluso el resto de tu vida- por el trabajo realizado una sola vez, a través de los ingresos residuales? La elección es tuya.

CAPÍTULO 3

Cómo hacer crecer su dinero mediante la inversión.

Aunque la inversión es una de las estrategias más eficaces para alcanzar la libertad financiera, el éxito requiere habilidades y conocimientos específicos. Junto con sus conocimientos y habilidades, debe estar dispuesto a "asumir riesgos".

No tenga miedo de asumir riesgos, ya que puede controlarlos y limitarlos si se dota de las habilidades y los conocimientos necesarios. Como dice el adagio, invertir requiere conocimientos para evitar pérdidas de capital.

Antes de invertir.

Antes de invertir, asegúrese de haber preparado los siguientes elementos esenciales. Asegúrese de que todas sus deudas y obligaciones han sido satisfechas. Antes de invertir, asegúrese de que dispone de una reserva de efectivo o de reservas de emergencia para ayudarle en caso de emergencia y no tener que retirar su inversión.

La cantidad recomendada de dinero para emergencias es de tres a seis meses de ingresos. Así, si sus ingresos mensuales son de 2.500 dólares, debería tener 15.000 dólares en fondos de emergencia que le duren seis meses.

Además, debería adquirir un seguro de vida. Un seguro de vida es una salvaguarda. Necesitas un seguro de vida si te ocurre algo trágico. En caso de que mueras, el seguro de vida puede ayudar a tu familia a recuperar los daños económicos.

La cantidad recomendada de seguro de vida es al menos el valor de tres años de sus ingresos anuales. Si sus ingresos anuales son de 60.000 dólares, debería adquirir un seguro de vida con un valor nominal de 18.000 dólares que sea efectivo durante tres años para ayudar a su familia a recuperarse de las pérdidas económicas.

Una vez que haya liquidado sus obligaciones, establecido un fondo de emergencia y adquirido un seguro, es el momento de determinar su tolerancia al riesgo.

Determine su tolerancia al riesgo.

Siempre depende de su edad; si todavía es joven, puede asumir un riesgo alto, mientras que los que tienen entre 40 y 50 años deben asumir un riesgo moderado, y los que tienen 50 años o más sólo deben considerar inversiones de bajo riesgo.

Los fondos del mercado monetario, los depósitos a plazo y los bonos son activos adecuados para los inversores que buscan un entorno de bajo riesgo.

Los bonos y las acciones son activos aceptables para quienes buscan un perfil de riesgo medio.

Puede invertir exclusivamente en acciones si quiere asumir un riesgo importante.

Establecer un objetivo financiero.

Tras determinar su tolerancia al riesgo, debe establecer un objetivo financiero. ¿Cuál es el objetivo de invertir? Es un objetivo en el que debe comprender el objetivo de sus inversiones y los costes mensuales o anuales asociados a ellas.

¿Cuándo debe empezar a invertir y cómo piensa liquidar sus participaciones?

Decida invertir.

Una estrategia sólo es beneficiosa si se aplica. Nunca obtendrá un rendimiento de su inversión si no sigue su estrategia. Debe actuar; dar un paso a la vez.

Todo es sencillo, más aún si realmente desea aumentar su dinero. No debe tener miedo de hacerlo, desde la apertura de la cuenta hasta la financiación de la misma y si decide invertir en el mercado de valores. Consulte a un asesor financiero o a un experto en finanzas; hay asesores en los bancos y en las empresas de inversión.

Ahorrar dinero es beneficioso ya que inculca el hábito de la gestión del dinero. También será un inversor disciplinado si es un ahorrador diligente. Cada mes, reserve dinero de su sueldo o de sus ingresos para financiar una cuenta de inversión, como fondos de inversión o una cuenta en un corredor de bolsa.

CAPÍTULO 4

Explore el sector de las ejecuciones hipotecarias.

Qué es una ejecución hipotecaria?

Para describir una ejecución hipotecaria, debemos considerar lo que ocurre cuando un prestatario no sigue las condiciones del contrato o acuerdo de préstamo. El prestatario no ha devuelto el préstamo, y ahora el prestamista tiene la autoridad legal para embargar la propiedad para recuperar los ingresos perdidos por la venta de la recuperación.

No todas las ejecuciones hipotecarias son iguales. Las ejecuciones hipotecarias vienen en diferentes formas, incluyendo las ejecuciones hipotecarias, las ejecuciones de títulos fiduciarios y las ejecuciones estrictas.

Cuando un prestatario obtiene un préstamo de un banco y se emite un pagaré, se habla de una ejecución hipotecaria. Este pagaré detalla los términos y condiciones del préstamo y especifica el importe del pago mensual. Además, el pagaré especifica la fecha de vencimiento del pago mensual.

A continuación, el préstamo está garantizado por un contrato de hipoteca, que sirve como garantía de la deuda. El prestamista, a menudo conocido como el acreedor hipotecario, tiene derechos específicos si el prestatario no paga el préstamo. Hasta que se pague la deuda, se coloca un gravamen sobre la casa o la propiedad.

La ejecución de una escritura fiduciaria es otro tipo de ejecución hipotecaria. Este tipo de contrato implica la colocación de la escritura de la propiedad "en fideicomiso" con un tercero, normalmente una corporación de títulos o fideicomisos. En este caso, algunas ejecuciones hipotecarias se aplican estrictamente.

El prestamista posee legal y legítimamente la casa o propiedad durante este tipo de ejecución hipotecaria. El prestamista tiene la facultad de exigir al prestatario que abandone la propiedad inmediatamente después de que expire el derecho de redención del prestatario.

Muchos factores pueden contribuir a que una vivienda sea víctima del proceso de ejecución hipotecaria. El aumento de los tipos de interés, el desempleo y una economía inestable pueden ser problemas.

Además, las causas de la ejecución hipotecaria pueden ser más personales, como la reubicación del trabajo, la muerte o la incapacidad, la salud y las dificultades médicas, el divorcio o el fracaso de una empresa. Son muchos los factores que pueden contribuir a que un propietario esté en apuros.

Hay varias formas de adquirir una vivienda o propiedad que se encuentra en alguna fase de ejecución hipotecaria. Los inversores pueden comprar directamente al propietario, lo que reduce la necesidad de que los inversores compitan entre sí. Otra posibilidad es comprar a través de una subasta pública.

Cuando se compra en una subasta, el propietario no participa en ninguna negociación. Otra opción es comprar la propiedad inmobiliaria (REO) tras la subasta. En este caso, se interactuaría directamente con el banco u otro prestamista y sus agentes.

Cuando no se realiza el pago en la fecha de vencimiento mensual acordada, se inicia formalmente el proceso de ejecución hipotecaria. Normalmente, la fecha corresponde al inicio del ciclo de facturación del pago de la hipoteca.

Los pagos que no se han efectuado normalmente pueden acordarse con el banco o el prestamista para que se realicen más tarde. Esto da lugar a la acumulación de cargos por demora tras el periodo de gracia. Entre los días 45 y 60, el prestamista envía una carta certificada o una carta de intención al prestatario solicitando el pago.

Además, en la carta se especifica que el prestatario ha incumplido el contrato y que la vivienda o propiedad corre el riesgo de ser ejecutada. Transcurridos noventa días, el caso se remite al departamento de ejecuciones hipotecarias, que presenta la documentación legal necesaria.

Como inversores, la capitalización de estas viviendas y propiedades podría dar lugar a una riqueza significativa y a la libertad financiera. El plan consta de tres componentes. El primer paso es localizar gangas.

A continuación, se trata de seguir adelante y hacer una oferta que sea aceptada; por último, cobrarla, ya sea vendiendo al por mayor y entregando la propiedad al inversor a cambio de un cheque, alquilándola o vendiéndola en el futuro.

CAPÍTULO 5

Aprovechar el efectivo de sus acreedores.

La mayoría de los adultos de cuarenta años toman malas decisiones financieras. Hace falta mucha disciplina para invertir ese dinero extra en algo que le proporcione mayores beneficios a corto, medio y largo plazo.

El sector de las tarjetas de crédito es el más rentable de Estados Unidos. El ciudadano medio es incapaz de tomar decisiones financieras acertadas. El principal grupo objetivo (presa) de los acreedores son los jóvenes de 18 años que carecen de conocimientos financieros y tienen un historial crediticio escaso o nulo.

Cada año, millones de estadounidenses solicitan nuevas tarjetas de crédito independientemente de su sexo, raza, origen étnico o discapacidad. Lo único que se exige es ser ciudadano de Estados Unidos y tener al menos 18 años.

Lo que me molesta cada vez es cuando los acreedores reclutan a esas personas extremadamente jóvenes e ingenuas en un contrato/acuerdo, y éstas derrochan tontamente cada centavo restante de la línea de crédito de la tarjeta en cosas tontas que no les servirán de nada.

Los acreedores fingirán ser su mejor amigo para exprimir hasta el último céntimo de su cartera con altos tipos de interés ajustables y todas las contingencias que figuran en letra pequeña sobre la firma del solicitante.

Me concentro en la generación más joven de hoy únicamente porque es totalmente natural que un joven carezca de la inteligencia financiera necesaria para tener éxito en la vida y evitar el peligro financiero. Las personas mayores deberían haber aprendido esta lección pronto a través de sus experiencias y dificultades económicas, pero la mayoría no lo hace, lamentablemente.

La principal ventaja de un joven es aprovechar el dinero de los acreedores para ganar más dinero y pagar la tarjeta de crédito cada mes. Para ello, deberá adquirir los conocimientos necesarios y elaborar un buen plan.

Conocimientos - Los conocimientos son poderosos, pero sólo cuando se aplican con eficacia. Sin embargo, antes de adquirir conocimientos, debe desarrollar una actitud inversora leyendo libros de inspiración para inversores.

Una vez que haya desarrollado la mentalidad adecuada, estará tan entusiasmado y motivado que estará dispuesto a estudiar. Si se le enseña correctamente, reducirá el riesgo y le proporcionará decisiones y oportunidades financieras más significativas y sensatas.

Mi mejor sugerencia es que busques a los que destacan en el campo en el que deseas trabajar y que recojas sus cerebros. Hay un truco para recoger los cerebros de las personas con éxito financiero, y debes aprender a utilizarlo en tu beneficio.

Fuentes de información - Los recursos que necesitas para entender cómo alcanzar la libertad financiera están a tu alrededor. Tu amigo más cercano es Google; busca los mejores libros de inversión, cómpralos en tu librería local y mantente al día de la actualidad leyendo el Wall Street Journal. Asiste a una conferencia para formarte y establecer una red de contactos.

CAPÍTULO 6

Establecer un negocio en casa para jubilarse pronto.

El flujo de caja es el término más importante en el sector de los ingresos. El apalancamiento es el segundo término importante. El apalancamiento es la razón por la que algunas personas se hacen ricas y otras no. Menos del 5% de los estadounidenses son ricos porque sólo el 5% sabe cómo apalancar su riqueza.

Uno de los tipos de apalancamiento más conocidos es pedir dinero prestado. Millones de personas están en peligro financiero como resultado del apalancamiento de la deuda que se utiliza en su contra. Una deuda excelente te hace rico, mientras que una deuda mala te mantiene empobrecido.

Tu intelecto, la forma de apalancamiento más poderosa del mundo, puede hacerte rico o empobrecerte.

Creencias.

Las personas ricas utilizan un lenguaje rico, mientras que las empobrecidas utilizan un lenguaje empobrecido. Tu mente puede ser tu activo más valioso o tu mayor lastre.

La diferencia entre las personas ricas y las empobrecidas es que las pobres dicen "no me lo puedo permitir" con más frecuencia que las ricas. Si quiere retirarse joven y rico, debe utilizar su pensamiento a su favor, no en su contra. La revista Forbes define la riqueza como tener unos ingresos anuales de un millón de dólares o más.

El problema de trabajar en un empleo es que obstruye tu camino hacia la prosperidad. La mayoría de la gente pretende empobrecerse. Por eso mucha gente afirma: "Cuando me jubile, mis ingresos disminuirán".

En otras palabras, dicen: "Pretendo trabajar duro toda mi vida y jubilarme empobrecido". Hoy en día, millones de trabajadores dependen de sus planes de pensiones, incluidas las cuentas 401(k) e IRA.

Los empleados son ahora los encargados de su jubilación. Durante la Revolución Industrial, era la empresa o el gobierno quienes se ocupaban de sus necesidades financieras una vez que terminaba su jornada laboral. Estos planes de pensiones de la Era de la Información tienen una debilidad fatal.

El fallo es que la mayoría de estos planes están indexados al mercado de valores, y como habrá notado, los mercados de valores suben y bajan. Prometer trabajar diligentemente durante el resto de la vida es una pésima estrategia.

Para muchos baby boomers, el tiempo, nuestro recurso más valioso, se está agotando. En realidad, menos del 5% de la población estadounidense es rica porque el 95% desea serlo, pero sólo el 5% actúa.

Los tres principales activos que hacen que las personas sean ricas y les permitan jubilarse pronto son los siguientes:

1. Bienes inmuebles

2. Activos intangibles

3. Empresas.

Todos tenemos preocupaciones. La diferencia está en cómo respondemos a esas inquietudes. Si puedes adaptar tus palabras y pensamientos a los de los ricos, retirarte joven y rico será sencillo. El mayor obstáculo al que te enfrentas es superar tu desconfianza y tu pereza.

Tu desconfianza y tu pereza definen quién eres. Si pretendes cambiar lo que eres, debes enfrentarte a tu autodesconfianza y tu pereza. Tu auto desconfianza y tu pereza son los factores que te mantienen pequeño. Son tu duda y tu pereza las que te impiden vivir la vida que deseas.

Nadie se interpone en tu camino, excepto tú y tus dudas. Es sencillo mantener el statu quo. Es fácil permanecer sin cambios. La mayoría de la gente opta por seguir igual durante toda su vida. Al enfrentarte a tus dudas y a tu pereza, descubrirás la clave de tu liberación.

Muchas personas no hacen lo que son capaces de hacer porque carecen de un "por qué" convincente. Una vez que ha determinado su "por qué", es fácil decidir su propio "cómo" hacia la riqueza; en lugar de ahondar en su interior para identificar su propio "por qué" para querer ser rico, la mayoría de la gente busca el camino más sencillo hacia la prosperidad y el problema con el camino más sencillo es que a menudo conduce a un callejón sin salida.

Otros tres caminos hacia la inmensa riqueza son los siguientes:

1. Mejora de las capacidades empresariales

2. Mejorar la capacidad de gestión del dinero

3. Mejorar la capacidad de inversión.

Si se encuentra debatiendo un concepto fantástico, es posible que desee abstenerse de debatir. Cuando alguien dice "no puedo permitírmelo" o "no puedo hacerlo" ante algo que desea, tiene un problema importante.

¿Por qué diablos alguien diría "no puedo hacerlo" ante algo que desea? Estaba discutiendo sobre cómo protegerme de la angustia que puede suponer soñar con grandes aspiraciones si no se realizan. Había soñado y explotado.

Me di cuenta de que estaba argumentando contra otro fracaso en lugar de contra el objetivo. Una pista: hace años descubrí que la pasión es una mezcla de amor y odio. Sin pasión por algo, no es fácil hacer nada. Si quieres algo, persíguelo con ahínco.

La pasión da energía a tu vida. Si deseas algo que no tienes, considera por qué lo deseas y por qué desprecias no tenerlo. Cuando combines estas dos ideas, encontrarás la motivación para levantarte de tu asiento y conseguir cualquier cosa que desees. He oído a mucha gente decir: "El dinero no compra la felicidad".

"¿Cuántos de ustedes desean jubilarse a los cuarenta años y ser económicamente independientes el resto de sus años? Esa frase contiene algo de verdad. Sin embargo, los ingresos me permiten dedicar más tiempo a las cosas que me gustan y compensan a otros por lo que desprecio. ¿Cuántos de ustedes se plantean una jubilación anticipada?"

CAPÍTULO 7

Optar por la libertad antes que por la deuda.

Demasiada gente está endeudada, lo que no es sorprendente porque cualquier cantidad superior a cero es excesiva. Esto es predominantemente un desarrollo del último cuarto del siglo XX, uno de los fenómenos de la generación del baby boom.

A las generaciones anteriores se les solía exigir que pagaran lo que compraban en el momento de la compra, que tuvieran una cantidad considerable de garantías o que contaran con un cofirmante para comprar a tiempo.

Un agricultor o ganadero del siglo XIX podía comprar a tiempo en el almacén general. Devolverían sus préstamos al final de la temporada cuando sus productos o animales fueran cosechados.

Al principio, estos comerciantes de los almacenes generales concedían créditos a los consumidores. Luego, a principios del siglo XX, se inventaron las tarjetas de crédito, que se hicieron muy omnipresentes a mediados de siglo. [creditcards.com]

Las tarjetas de crédito se aceptaban como medio de pago, ya que sólo se podían proporcionar a personas con un buen historial de crédito. Se distribuían más libremente que las golosinas de Halloween a finales del siglo XX y principios del XXI. Incluso se entregaban sin previo aviso de puerta en puerta.

La causa de esta explosión en el uso de las tarjetas de crédito durante este periodo fue que no había suficientes individuos que gastaran suficiente dinero para satisfacer a las empresas que fabricaban artículos y suministraban servicios. El consumidor deseaba gastar todo o casi todo su dinero. Esto era demasiado restrictivo. Era intolerable y no podía continuar.

Cualquier empresa que quiera expandirse y prosperar necesita que los clientes gasten más de lo que pueden pagar. Vivimos en un mundo gobernado por las tarjetas de crédito de plástico. Hemos vuelto al pasado, debiendo nuestras almas a la tienda de la empresa (léase deuda de los consumidores) de la que cantaba Tennessee Ernie Ford en su clásico Sixteen Tons.

Para reducir la deuda, es importante entender cómo se acumula, cuando el deseo supera la necesidad, cuando se cree que más es mejor cuando más no es suficiente, cuando la impaciencia no espera, cuando la compra no va precedida de la búsqueda, cuando el coste no se tiene en cuenta en el precio, etc.

Está muy extendida la idea errónea de que tener lo que se desea y tenerlo cuando se desea traerá la felicidad. Comprender este mito pondrá fin a su creencia y permitirá modificar el comportamiento. Sólo añadirá estrés y ansiedad al proceso de determinar cómo pagar los artículos comprados.

La respuesta es el dinero, pero no en el sentido convencional. Cuando se trata de dinero, existen dos consideraciones. Tener el dinero adecuado es la clave para eliminar las deudas, satisfacer las necesidades y tener seguridad financiera para disfrutar de la felicidad.

Gastar el dinero en necesidades fundamentales como la comida, la ropa y la vivienda es una inversión inteligente. Todo lo demás que se pueda comprar se convertirá en algo anticuado; se deteriorará con el tiempo hasta el punto de ser desechado, o se convertirá en algo innecesario. El dinero utilizado para comprar estos artículos también se borrará.

¿Cuál es el objetivo de todos estos gastos, la mayoría de los cuales se realizan con dinero que prevemos tener en el futuro, como demuestra el uso de las tarjetas de crédito? El valor último del dinero no está en lo que puede comprar, sino en lo que puede proporcionar. Sólo proporciona un placer temporal.

El dinero puede acumularse ahorrando, pero su valor disminuirá con el tiempo debido a la inflación; por lo tanto, debe invertirse y dejarse para que se revalorice y componga. Esto garantizará la seguridad financiera, la tranquilidad mental y la verdadera felicidad. Esto traerá consigo la libertad.

Me acuerdo de un poema de Robert Frost, olvidado hace tiempo, titulado "El camino no tomado". Comienza así: "Dos caminos se separan en un bosque amarillo, y yo tomé el menos transitado, lo que marcó la diferencia". Encaja en el sentido de que la libertad se define como la capacidad de elegir el camino de la vida.

Dos caminos se separan también cuando se viaja a través de la vida financiera de uno. Uno de los caminos está lleno de alegrías en la vida, con abundantes autoindulgencias esperando a que el viajero las disfrute. El crédito allana el camino hacia la servidumbre, donde la libertad está limitada únicamente por las responsabilidades financieras autoimpuestas.

Un segundo camino implica el autocontrol y la autoimposición de restricciones al placer, pero está revestido de abundante riqueza, éxito y buena fortuna, y conduce a la afluencia, donde prevalecen la seguridad financiera y la libertad.

Cada uno elige su camino. Vive sin poner excusas ni lamentar tu elección. La prosperidad está a poca distancia en el camino. Lo único que hay que hacer es tomar la ruta correcta.

CAPÍTULO 8

Plan de diez puntos para recuperar el control financiero y proteger el futuro de su familia.

Este capítulo resume un plan de diez puntos probado y comprobado que puede adoptar para recuperar el control financiero total y proteger el futuro de su familia. Siga leyendo.

a) Eliminar la deuda.

Antes de hacer cualquier otra cosa, hay que pagar las deudas de las tarjetas de crédito, los descubiertos y los préstamos, especialmente los garantizados. Nunca podrás acumular riqueza para ti o para tu familia mientras pagues los intereses mensuales de las deudas.

Transfiera sus cuentas a alternativas menos costosas, particularmente tarjetas de crédito al 0%, si puede obtenerlas y haga sacrificios hoy para pagar sus obligaciones tan pronto como sea posible. Cuanto antes las pague, antes podrá empezar a ahorrar y ganar dinero.

b) Asegúrate de que tienes una red de seguridad de ahorros y algunos fondos líquidos para invertir.

Si no tienes suficiente dinero "líquido" ahorrado para cubrir los gastos inmediatos, no sirve de nada invertir para el futuro. Por "líquido" quiero decir "fácil de obtener".

Esto implica que debes tener suficiente dinero en una cuenta de ahorros para mantenerte a ti y a tu familia durante unos meses si todo va mal. Calcula cuánto dinero necesitas gastar cada mes para tener un techo y comida en la boca, multiplícalo por tres y reserva ese dinero en una cuenta a la que no accedas a menos que se produzca una emergencia.

c) Completar el pago de la hipoteca

Liquidar su hipoteca antes de tiempo es una de las inversiones más seguras y eficientes desde el punto de vista fiscal que puede hacer. Le proporciona la tremenda libertad de estar libre de hipotecas; es una inversión libre de impuestos porque cualquier dinero que pague de más en su hipoteca le ahorra el importe total de los intereses, en contraste con las cuentas de ahorro, que gravan los intereses que paga.

Es una de las inversiones más seguras que se pueden hacer porque se amortiza totalmente al pagar la hipoteca.

Considere las siguientes cifras: Los pagos mensuales de una hipoteca de 100.000 libras esterlinas con un interés del 5% serían de 584,59 libras esterlinas a lo largo de 25 años, con un pago total de intereses de 75.377 libras esterlinas.

Sin embargo, si acorta el plazo de pago a 15 años, las cuotas mensuales serían de 790,79 libras, pero sólo pagaría 42.342,20 libras de intereses durante ese periodo, lo que supone un ahorro de 33.034,80 libras. (Savills)

d) Distribuya sus apuestas

Para estar seguro, diversifique sus inversiones entre las distintas clases de activos (acciones, propiedades, efectivo, bonos, etc.).

Nada es seguro en la inversión. No ponga los huevos en una sola cesta. Nadie posee una bola de cristal y nadie puede predecir lo que ocurrirá en el futuro. Nada, ni siquiera las casas, es tan seguro como ellas. No se puede confiar en una sola clase de activos para acumular una suma considerable de dinero que permita obtener unos ingresos cómodos en el futuro.

e) Mantener la coherencia

Al igual que con las funciones biológicas, es conveniente ser constante a la hora de ahorrar e invertir. Si sólo le queda una pequeña cantidad de dinero cada mes, es mucho mejor a largo plazo establecer una orden permanente mensual de su cuenta bancaria a la inversión, para que el dinero se invierta antes de que lo vea.

Además, al invertir a intervalos regulares, te beneficias de lo que se conoce como "promediación de costes", lo que significa que captas los altibajos de una inversión volátil (como el mercado de valores), que se suaviza hasta obtener una rentabilidad media respetable a lo largo del tiempo.

f) Infórmate de los hechos y piensa por ti mismo, no sigas al rebaño.

La gestión del dinero es similar a llevar una dieta equilibrada. No es necesario ser un nutricionista para saber cómo comer de forma saludable. Sin embargo, hay que entender algunos datos fundamentales sobre frutas y verduras, vitaminas, proteínas y minerales para planificar una dieta equilibrada y saludable.

Lo mismo ocurre con la gestión del dinero. No hace falta que seas un asesor financiero titulado, pero debes entender cómo funciona el dinero.

Por eso, dedica unos minutos a la semana a leer la sección de dinero del Daily Express. Adquiera algunos conocimientos sobre ahorro e inversión visitando la mina, Money Magpie o The Motley Fool.

Seríamos mucho más ricos si dedicáramos tanto tiempo a investigar asuntos financieros como el que dedicamos a investigar el próximo televisor de pantalla plana que vamos a comprar o qué nuevo smartphone adquirir.

g) Invierta en productos económicos y sencillos que entienda.

Es posible obtener un beneficio razonable en el mercado de valores si invierte a largo plazo y se ciñe a productos sencillos con comisiones modestas. Los fondos de seguimiento de índices (a menudo denominados "Trackers") y los fondos cotizados son los dos principales productos que entran en esta categoría (ETF).

Estas inversiones suelen estar gestionadas por programas informáticos y no por gestores humanos que necesitan un nuevo Porsche Boxster para Navidad. Controlan índices bursátiles, materias primas (petróleo o azúcar) o incluso países enteros (como China, Brasil o Rusia).

h) Reducir los impuestos

Cada año, asegúrese de aprovechar todas las estrategias de evasión fiscal disponibles. Al fin y al cabo, ¿por qué iba a dedicar todo ese tiempo y esfuerzo a ganarse la vida y a considerar inversiones prudentes sólo para perder una gran parte de ellas debido a la evasión fiscal?

Las pensiones y los productos de la Compañía Nacional de Ahorros e Inversiones y ciertos fondos de inversión especializados están libres de impuestos y vale la pena considerarlos. Así pues, es importante considerar primero todo el beneficio neto, en lugar de perseguir algo porque está libre de impuestos. En ocasiones, incluso con el incentivo fiscal, los rendimientos siguen siendo insuficientes para justificar la inversión.

i) Proteja la economía de su familia

Si tiene familia o personas a su cargo, asegúrese de tener un seguro de vida suficiente para mantenerlas a flote si usted no puede mantenerlas. Este es un aspecto en el que no se pueden hacer recortes. Asegúrese de que se pagará la hipoteca y que se mantendrán en caso de que usted falte.

j) Cambie sus inversiones a medida que cambien sus circunstancias.

Sus necesidades de inversión cambian a medida que envejece. Si tiene más de cuarenta años, puede permitirse invertir en elementos más arriesgados que deberían proporcionarle rendimientos positivos a lo largo del tiempo. Sin embargo, a medida que envejece, es prudente invertir parte de su dinero en entidades más estables que son menos rentables pero también más seguras.

Además, aproximadamente cinco años antes de que planees jubilarte, es una buena idea "estilizar" tus inversiones y empezar a apartar tu dinero de los productos más volátiles y "de crecimiento" (acciones, propiedades, materias primas, etc.) y dirigirlo hacia inversiones más estables como cuentas de ahorro, bonos y gilts para capturar las enormes ganancias que has conseguido a lo largo de los años y mantenerlas incluso si los mercados caen.

CAPÍTULO 9

Haga de su futuro un lugar de diversión y fortuna.

Si quiere alcanzar la libertad financiera a los cuarenta años y, al mismo tiempo, crear un patrimonio generacional, debe elegir un sector con gran demanda ahora y en las próximas décadas. El sector de los viajes satisface estos criterios. Cada año, los Estados Unidos gastan 1,3 millones de dólares en viajes. Esto equivale a unos 2,5 millones de dólares cada minuto.

Los viajes, como ya habrán adivinado. En todo el mundo se compran cerca de 7 millones de dólares en viajes, la mayoría de ellos por Internet, y esta cifra va en aumento. Se cuadruplicará en los próximos años, ya que la generación del baby boom se prepara para jubilarse. ¿Qué desean seguir haciendo después de trabajar, jubilarse, ahorrar y criar a sus familias?

Cuando se examina el sector de los viajes en la actualidad, se observa que muchas empresas multimillonarias (principalmente en línea) no existían ni siquiera hace diez años. Cada día, nuevas empresas compiten por un trozo de ese considerable y valioso pastel. A continuación se exponen tres tendencias que contribuyen a que los viajes sean una de las mejores formas para que el individuo normal entre en el juego de convertir el disfrute en dinero.

La primera tendencia de Internet es el comercio electrónico. En la última década, los consumidores se han sentido cada vez más cómodos y adeptos a la hora de obtener muchas de sus necesidades en línea.

Incluso si compran fuera de línea, Internet es un recurso excelente para investigar cualquier cosa que deseen comprar. La misma capacidad de investigación se está convirtiendo en una actividad popular para los viajeros.

Las agencias de viajes solían ser una buena fuente de recomendaciones de lugares para alojarse y pasar el rato cuando se planificaba un viaje. Ahora, muchas personas reservan sus viajes de ocio por

Internet. Hoy en día se pueden leer las experiencias de viaje de otras personas en docenas de sitios web. Las compras de viajes realizadas por Internet ya cuestan a los consumidores miles de millones de dólares.

La generación del baby boom está provocando el segundo gran cambio demográfico. La generación del baby boom ha tenido una influencia significativa desde la década de 1950.

Han influido en diversos sectores, como el de la automoción, la renovación del hogar y, más recientemente, el de los viajes. Hay 79 millones de baby boomers en Estados Unidos y casi mil millones en todo el mundo. Durante las próximas dos décadas, se jubilará uno cada ocho segundos.

Las empresas basadas en el hogar son la tercera tendencia. Hoy en día, millones de estadounidenses tienen un negocio en casa para aumentar o posiblemente sustituir su trabajo principal. Con sus grandes y medianas empresas reduciendo su tamaño y subcontratando a otros países, la América corporativa puede no ser el mejor camino hacia la seguridad financiera, por no hablar de la libertad financiera. Los empresarios tienen un plan B para su futuro financiero con las perspectivas de negocio en casa.

Existe una oportunidad increíble en el sector de los viajes para gestionar una agencia de viajes completa por Internet desde la comodidad de su oficina en casa. Las reducciones de impuestos por sí solas son un beneficio significativo a la hora de aumentar su patrimonio neto.

Los economistas y los empresarios están de acuerdo en que hay que estar a la vanguardia de las tendencias a largo plazo, no de las modas. Los viajes por Internet, facilitados por las tecnologías accesibles a los propietarios de pequeñas empresas, parecen ser una posibilidad fantástica.

Realice la debida diligencia para identificar un negocio creíble que esté aprovechando este cambio de mercado. Después, únase al grupo de astutos empresarios de empresas que viajan, se divierten y ganan dinero simultáneamente.

CAPÍTULO 10

Ha llegado el momento de gobernar!

Nuestro país sigue teniendo individuos que viven en situaciones sociales degradantes; sigue siendo destruido por la delincuencia y las dolencias prevenibles del estilo de vida. La mayoría de las personas siguen viviendo de cheque en cheque y suplicando al gobierno que les dé trabajo.

Aunque algunos han logrado una movilidad ascendente, aún no han alcanzado su pleno potencial debido a su esfuerzo por evitar ahogarse en un mar de deudas. Piden a gritos ayuda para salvarse de sí mismos.

Lamentablemente, la solución a su situación no está en el gobierno ni en otros; ¡está en usted! Una vez que empieces a gobernarte a ti mismo, tus circunstancias sociales y económicas empezarán a cambiar. Una vez que esto ocurra, empezarás a alcanzar y disfrutar de la prosperidad económica que nuestros predecesores imaginaron y por la que lucharon.

Sin embargo, esto sólo es posible si empiezas hoy mismo a reclamar el control de tus dos recursos más valiosos: el tiempo y el dinero. Así es; la forma en que gestionas tu tiempo y tu dinero determina dónde estás hoy. Por lo tanto, ¿por qué no empiezas por asegurarte de que estás sacando el máximo provecho de ambos?

En segundo lugar, debe entender que la "riqueza" se crea acumulando activos que producen ingresos, es decir, poniendo su dinero a trabajar para usted. Por lo tanto, acumular riqueza será increíblemente difícil si no reserva una parte de su salario para invertir.

Sin embargo, si usted reserva sistemáticamente una parte de sus ingresos para invertir, descubrirá que la generación de riqueza es relativamente sencilla.

Es bastante sencillo. Si careces de ahorros, no puedes invertir, lo que se traduce en una falta de crecimiento de la riqueza, ya que no puedes invertir lo que te falta. Por lo tanto, el primer paso es empezar a ahorrar dinero. No a menudo, pero sí de forma regular y metódica. Este año, debería proponerse ahorrar un porcentaje de cada sueldo que reciba.

Si gana 100 dólares cada semana y gasta la totalidad de los 100 dólares cada semana, no tendrá nada que mostrar por sus esfuerzos. Nada. De hecho, ¿qué estabas haciendo y para quién lo estabas haciendo? ¡Como has repartido todo tu dinero y has compensado a todos menos a ti mismo!

Debes seguir considerando el dinero como si fuera leche; de lo contrario, no podrás acumular riqueza. Así pues, ¿cómo puedes empezar a acumular riqueza?

Empieza a gestionar tus gastos de tal manera que puedas ahorrar una parte de todo lo que ganes. Pase lo que pase, debes mantener tu compromiso contigo mismo, la determinación de ahorrar tu dinero hasta invertirlo.

Es cuestión de respetarte a ti mismo y de creer en que vale la pena invertir en tu futuro. Adquiere un ejemplar del cuaderno de trabajo "Toma el control de tu dinero"; es un recurso excelente para empezar.

CONCLUSIÓN.

Uno de los obstáculos más importantes a los que se enfrenta la mayoría de los novatos en el mundo financiero es su miedo a invertir. Durante décadas, la bolsa y las carteras de inversión han sido el dominio exclusivo de un pequeño porcentaje de la población: los ricos, los muy emprendedores o los licenciados en economía. Ha sido durante mucho tiempo un campo en el que el conocimiento se equipara con el poder, y el poder equivale a una buena y abultada cuenta bancaria.

Desgraciadamente, este tipo de pensamiento ofrece pocas opciones a quienes tienen pequeñas cuentas de ahorro, conocimientos limitados de finanzas o no están dispuestos a confiar en el sistema existente con su dinero ganado con esfuerzo. Por desgracia, muchas personas evitan buscar el consejo de un asesor financiero por diferentes razones personales y financieras, ninguna de las cuales es un obstáculo para un futuro seguro.

Uno de los impedimentos más importantes para invertir es la creencia generalizada de que hay que tener dinero para ganar dinero. Para empezar a invertir, hay que tener miles de dólares reservados. Al fin y al cabo, ¿cómo puede pensar en invertir si no puede ahorrar suficiente dinero para empezar?

Aunque muchos tipos de cuentas necesitan un compromiso mínimo, también puede empezar con una cantidad modesta. Si bien es posible que al principio obtenga una tasa de rendimiento menor, las pequeñas inversiones en bonos, acciones comunes e IRA suelen ser sencillas de realizar, no requieren grandes sumas de dinero y le permiten aprender sobre la marcha, lo que aumenta su nivel de comodidad con la inversión y le permite ahorrar más dinero.

No puedo acceder a mis fondos en caso de emergencia. Otra preocupación financiera típica es que su dinero se invierta de forma que no pueda acceder a él en caso de emergencia médica o familiar. Aunque algunas cuentas (como los certificados de depósito) conllevan una elevada penalización por retirada anticipada, otras no (como las cuentas del mercado monetario).

El truco está en averiguar qué inversiones son las que mejor se adaptan a usted y a su estilo de vida; no hay un método correcto o incorrecto para hacerlo. A menudo, lo ideal es trabajar con un asesor financiero que pueda ayudarle a desarrollar una cartera que sea una sólida mezcla de ahorros a largo plazo e inversiones a corto plazo que le permitan un mayor control sobre su dinero.

Tengo miedo de perderlo todo. Al invertir en el mercado de valores, siempre existe el riesgo de perder o reducir considerablemente sus ahorros. Esto no es algo habitual, y suele ocurrir a quienes se dedican exclusivamente a las inversiones de alto riesgo.

Cuando se invierte con prudencia y con la supervisión de un asesor financiero que diversifique los activos en muchos tipos de cuentas, se tienen muchas posibilidades de obtener beneficios en los siguientes 10, 20, 30 o incluso 40 años.

El truco está en enfocar la inversión como una estrategia a largo plazo; aunque no se haga rico de forma independiente el año que viene, tendrá algo a lo que recurrir cuando llegue el momento de la jubilación.

Los beneficios de la inversión son demasiado grandes para ignorarlos, incluso si no tiene una cuenta de ahorros considerable, ya está endeudado o no está familiarizado con las finanzas.

Lo mejor es consultar a un asesor financiero que pueda aconsejarle sobre qué hacer primero y cómo empezar a recuperar el control de su futuro. Los mejores asesores financieros verán más allá del saldo de su cuenta bancaria y trabajarán con usted en cada paso del camino para asegurar su comodidad.

Gracias por leer.

Serie: Libertad financiera a cualquier edad.

1. Cómo lograr la libertad financiera a los 20 años
2. Cómo lograr la libertad financiera a los 30 años
3. Cómo lograr la libertad financiera a los 40 años
4. Cómo lograr la libertad financiera a los 50 años
5. Cómo lograr la libertad financiera a los 60 años
6. Lograr la libertad financiera a partir de los 70 años.
7. Cómo lograr la libertad financiera en los hijos
8. Cómo lograr la libertad financiera en los adolescentes
9. Lograr la libertad financiera en los estudiantes universitarios.

www.ingramcontent.com/pod-product-compliance
Lightning Source LLC
Chambersburg PA
CBHW070310220526
45465CB00004B/1829